AF240441

CATECHISME

FINANCIER DE L'ESPAGNE,

Par Oviedo,

VEINTICUATRO DE SÉVILLE (1);

DÉDIÉ

A LA PRESSE ESPAGNOLE.

TRADUIT PAR I. M. D.

----—----

Demande. — Avant d'entrer en matière, pouvez-vous me dire quels sont les revenus annuels du trésor d'Espagne?

Réponse. — Les revenus du trésor d'Espagne peuvent être à présent calculés approximativement, attendu que plusieurs branches en sont affermées; et l'expérience nous prouve combien ce système est avantageux au trésor, car, de 360 millions de réaux (2) que produisaient tous les revenus de l'État jusqu'en 1828, ils se sont élevés jusqu'à 480 millions de réaux; somme que l'on considère maintenant comme pouvant être réalisée chaque année.

D. — Les revenus du trésor Espagnol suffisent-ils maintenant pour couvrir toutes les dépenses, et faire honneur à tous les engagemens contractés par l'État?

R. — Les dépenses de l'administration espagnole s'élèvent ordinairement à 450 millions de réaux; encore ne comprend-t-on pas dans ce chiffre les fonds nécessaires à la caisse

----

(1) Membre à litre héréditaire du conseil municipal de Séville; et, comme tel, en vertu de la Constitution d'Espagne, électeur et éligible aux cortès.

(2) Le réal de Vellon équivaut à 25 centimes.

d'amortissement, tant pour la dette intérieure que pour la dette étrangère.

D. — La caisse d'amortissement a-t-elle des ressources ou des rentes particulières pour subvenir à ses besoins, indépendamment des 480 millions de réaux considérés comme le revenu annuel du trésor ?

R. — Oui ; elle a des ressources qui, dans le principe, furent calculées sur le pied de 100 millions de réaux, mais on a acquis la preuve que ce revenu ne s'élève annuellement qu'à 50 millions (1).

D. — D'après cela, la caisse d'amortissement, ne devant compter que sur une recette de 50 millions de ses fonds particuliers, ne peut donc, en y ajoutant les 30 millions de réaux qui se trouvent approximativement en excédant de la balance des recettes et dépenses, que réunir une somme de 80 millions de réaux par an ?

R. — Justement ; et si les obligations de cette caisse venaient à excéder les 80 millions de réaux annuels, on serait obligé d'en couvrir le déficit par de nouveaux emprunts.

D. — Ne pourrait-on changer avec avantage le système des contributions ?

R. — Il est impossible de changer, pour le moment, le système des contributions, car il n'en résulterait qu'un désordre administratif fort dangereux, et n'offrant aucune chance d'avantages ; le plan de Garay en offre la preuve ; ainsi, après l'époque constitutionnelle, les revenus diminuèrent progressivement, parce que le peuple, n'ayant pas l'habitude d'économiser, préfère payer insensiblement le double en impôts appliqués à des objets de consommation, plutôt que de donner une somme moindre, mais par trimestre.

D. — Ne pourrait-on pas faire de nouvelles économies par des réformes dans l'administration et dans le mode de recouvrement ?

R. — Sans doute, on le pourrait ; mais il est nécessaire d'observer que pour arriver à ce résultat il faudrait remettre en question l'existence de plusieurs milliers de personnes, et cela, pour épargner 25 à 30 millions de réaux par an ;

(1) Ces recours furent assignés à la caisse par un décret royal du 24 mars 1824.

encore doit-on bien considérer que, les factions désolant plusieurs provinces, les richesses locales de celles-ci ne sont pas plus productives que leur commerce n'est florissant.

D. — Mais ne serait-il pas facile d'augmenter les produits de toute espèce dans un pays aussi fertile que l'Espagne, aussi heureusement traité par la nature, et cela, en lui donnant des lois protectrices qui dussent stimuler l'industrie, et faciliter les moyens de transport, de communication et de sortie pour ses produits ?

R. — Il y aurait folie à croire que les revenus de l'État pourraient doubler ainsi, comme par enchantement; même en laissant de côté la question politique, on est forcé de convenir qu'il faudra bien des années de tranquillité, d'épreuves et de progrès non interrompus, pour que l'Espagne parvienne à jouir d'une solide prospérité commerciale et industrielle.

D. — Ne pourrait-on pas enrichir l'État avec les dîmes de l'Église ?

R. — Toutes les ressources que l'on pourrait tirer des dîmes sont déjà comprises dans les subsides, *tercias*, *novenos* et *escusados* (1) déjà payées par le clergé en vertu des bulles pontificales, et tout autre moyen ne servirait qu'à dépouiller entièrement l'Église sans profit pour l'État.

D. — Mais le clergé séculier et régulier d'Espagne possède d'immenses propriétés que l'on pourrait mobiliser avec avantage ?

R. — Le clergé possède en effet de grands biens en Espagne ; mais pour y toucher il faudrait une révolution gouvernementale d'un résultat douteux, attendu qu'en outre du mécontentement qui en résulterait dans la plus grande partie d'un peuple dévot, personne n'oserait pendant bien long-temps exposer ses fonds dans l'achat d'immeubles qui ont déjà été vendus, et dont les acquéreurs ont été dépossédés ou poursuivis ; la confiance ne se commande pas, elle ne peut être produite que par le temps et l'expérience.

D. — Ne serait-il pas convenable de permettre la vente des biens *substitués* ?

R. — Oui, certes; mais on trouverait peu d'acquéreurs, craignant toujours une dépossession ou une nullité ultérieure.

(1) C'est sous ces dénominations que l'État prélève plusieurs sommes sur le produit des dîmes.

Et puis, comme les propriétaires de ces biens sont en général des personnes endettées, leurs créanciers s'empresseraient de mettre à profit cette loi, afin de les poursuivre en justice et de les exproprier.

D. — Si l'Espagne consentait à reconnaître l'indépendance de ses ci-devant États d'Amérique, ces États ne donneraient-ils point une indemnité pour prix de cette reconnaissance ?

R. — Il est nécessaire de ne pas se bercer de vaines illusions. Les Américains ne donneront que peu ou rien dans ce moment pour la reconnaissance de leur indépendance : au commencement ils auraient fait de grands sacrifices pour obtenir de la mère-patrie une émancipation *de droit*..... mais les temps ont tout changé; les circonstances ne sont plus les mêmes, et l'exemple d'Haïti n'est pas perdu pour eux. Ils se prêteront sans doute à des traités de commerce, même avantageux pour l'Espagne; mais n'oublions pas que les puissances mercantilles et industrielles veillent constamment à faire respecter leur drapeau en protégeant leur commerce, et qu'elles opposeront toujours à ceux qui leur porteront ombrage une concurrence préjudiciable, de sorte que nos privilèges seront toujours limités.

D. — N'y a-t-il pas une quantité de terrains non défrichés (*baldios*) en Espagne ? Dépourvus de culture, ils sont sans rapport : ne pourrait-on pas en tirer un parti avantageux ?

R. — Il y a effectivement en Espagne d'immenses terrains non défrichés, desquels on pourrait tirer le plus grand parti; mais pour cela faire il faudrait accroître la population; et cet accroissement aurait lieu si les étrangers avaient plus de confiance en notre gouvernement et en nos lois; et certes, les habitans du nord, qui émigrent pour le Nouveau-Monde, aimeraient mieux aller dans la Péninsule, et y devenir de suite propriétaires des terres qu'on leur donnerait à défricher ; mais, je le répète, pour inspirer la confiance, pour déraciner certains préjugés, il faut du temps, de l'ordre, et par-dessus tout des lois sages, protectrices, exécutées avec douceur, adoptées sans arrière-pensées, et qui ne soient point sujettes aux interprétations capricieuses des autorités locales.

D. — Toute la dette de l'intérieur jouira sans doute d'un intérêt fixe et de l'amortissement périodique qui sera payé avec la même exactitude que la dette étrangère consolidée depuis 1823 ?

R. — Cela serait juste ; mais le gouvernement ne paraît pas l'entendre ainsi , car on a abandonné la majeure partie de la dette de l'intérieur , sans donner un intérêt quelconque , quoique cette dette soit , pour le moins , aussi sacrée que les autres, et que la plupart des créanciers soient dans la misère. Il faut espérer que les cortès porteront remède à cette injustice, en mettant cette dette au même rang que les autres et en la consolidant.

D.— Ces bons des cortès, que depuis dix années le gouvernement royal a refusé de reconnaître , croit-on qu'ils fixeront maintenant l'attention des cortès ?

R. — Il n'y a pas le moindre doute que le gouvernement n'ait l'intention de reconnaître aujourd'hui la légitimité de cette créance ; cependant , il faut considérer que lors de la création de cette dette , la moitié des députés de la législature de 1820 et 1821 était composée d'Américains, représentans des provinces séparées aujourd'hui de la métropole , et il est présumable que, sans leurs votes, ces emprunts n'eussent point été contractés , ou du moins autorisés par les députés de la Péninsule ; de manière qu'il est urgent de bien peser toutes ces circonstances; toutes ces raisons, avant de prendre un parti définitif sur une affaire de cette importance.

D. — Quelle est l'origine des dettes contractées à l'étranger depuis 1823 ?

R. — L'origine de toutes les dettes contractées à l'étranger depuis 1823 est bien odieuse pour les Espagnols ; l'emprunt royal, qui a servi pour l'enrôlement des bandes non disciplinées qui ont allumé la guerre civile en servant comme d'avant-garde à l'expédition d'Angoulême ; les sommes dont le taux a été convenu avec le gouvernement très-chrétien , pour les frais d'une intervention étrangère qui vint nous imposer des lois ; d'odieux trafics , un agiotage sans publicité, qui ont pu enrichir quelques agens du pays, mais ont grevé le pays d'une dette énorme.

D. — Lorsque les cortès furent à Cadix , n'ont-ils pas protesté solennellement en septembre 1823 , et déclaré ne point reconnaître comme dette nationale aucun des emprunts contractés par l'autorité royale et dépourvus de l'autorisation et de la sanction des mandataires de la nation légalement nommés par cette dernière ?

R. — Il est vrai ; mais jusqu'à présent le gouvernement semble ne point accorder d'attention à tout ce qui a pu être fait au nom de la souveraineté nationale.

D. — Quelles sont les valeurs créées à l'étranger depuis 1823 par le pouvoir royal, et dont les intérêts sont payés ?

R. — L'emprunt royal Guebhard ;

La rente perpétuelle de Paris ;

La rente perpétuelle d'Amsterdam ;

Les certificats (*Ofalia*) de la dette anglaise, émis d'après une convention diplomatique ;

Les 80 millions de francs reconnus provisoirement à la France par le traité de Madrid du 30 décembre 1828 ;

La rente trois pour cent créée pour convertir les bons des cortès, offerte en février 1831 ;

Les certificats *différés*, en 40 séries, provenant de ladite conversion des cortès.

D. — Si l'on reconnaissait et consolidait intégralement toute la dette espagnole, en formant un capital de tous les intérêts échus des bons des cortès, et donnant un intérêt juste et convenable à toute la dette intérieure aussi indignement oubliée jusqu'à ce jour par le gouvernement, à combien s'élèverait alors, approximativement parlant, les besoins de la caisse d'amortissement pour payer les intérêts et l'amortissement de la dette elle-même ?

R. — Pour acquitter intégralement les intérêts de toute cette masse de dettes dont l'Espagne est accablée aujourd'hui, et auxquelles il lui serait difficile de proposer des arrangemens qui ne fussent pas onéreux à elle-même comme aux autres, il lui faudrait 400 millions de réaux par an, y inclus le déficit qui résulte du budget général de 1834 (1).

D. — A qui doit être remboursé le déficit dont vous parlez ?

R. — A des capitalistes étrangers qui nous ont rendu le service de nous avancer certaines sommes, et cela avec tout le

---

(1) Sans doute, les intérêts des bons des Cortès, et la dette intérieure qui ne jouit d'aucun intérêt devaient se capitaliser à raison de deux et demi pour cent ; intérêt égal à celui que paie le gouvernement des Pays-Bas.

désintéressement, toute la philanthropie qui caractérisent en général les banquiers cosmopolites qui prêtent aux gouvernemens (1).

D. — A combien calcule-t-on que doit s'élever la dette tant intérieure qu'extérieure de l'Espagne, et de laquelle les cortès doivent s'occuper, lors de leur réunion, afin, de la consolider ou de la réformer?

R. — La dette espagnole s'élève approximativement, en capital nominal et en obligations et dettes de toutes les époques, à une somme de 15 milliards de réaux (2).

D. — Comment donc la caisse d'amortissement pourra-t-elle satisfaire successivement aux 400 millions de réaux qui lui sont nécessaires, et consolider toutes les dettes, avec 80 millions qu'elle a seulement à son service?

R. — Pendant quelques années les banquiers étrangers continueront à protéger notre crédit; car s'il y a de grands déficits, les emprunts sont plus forts, la commission et le change plus considérables; il est évident qu'on traite toujours plus avantageusement avec un débiteur embarrassé qu'avec celui qui peut se procurer facilement ce dont il peut avoir besoin.

D. — D'après ceci, reconnaître aujourd'hui toute la dette, serait ajourner seulement la banqueroute, et cela dans l'intérêt particulier de certains banquiers, tout en multipliant le nombre des victimes?

R. — Vous l'avez dit; et cela s'appellerait encore, avec emphase, soutenir le crédit et prouver la bonne foi des gouvernemens!

D. — En ce cas, ne serait-il pas plus raisonnable de faire de suite une réduction juste et proportionnelle en pesant les circonstances et se rendant compte des vraies ressources du pays, chose d'autant plus naturelle que le gouvernement nous

(1) Le nom de banquiers cosmopolites fait probablement allusion à un article sur *les Emprunts*, publié par la *Revue espagnole*, journal ministériel de Madrid.

(2) J'ai pès motifs pour croire que ce calcul est très-modéré, parce que, d'après des données authentiques, il résulte que toute la dette s'élève à dix-sept mille millions de réaux.

répète continuellement qu'aujourd'hui pour l'Espagne commence une ère nouvelle de prospérité?

R. — Voilà qui est sans réplique ; mais tous les moyens de manigance et de spéculation s'évanouiraient alors, car si l'état déclarait qu'il s'engage à payer tout ce qu'il peut réellement payer, et rien de plus, alors les emprunts auraient une fin, et l'agiotage et le compérage ministériels cesseraient de fait.

D. — Quel moyen le gouvernement pourrait-il adopter pour assurer un avenir à la dette réduite ?

R. — Il pourrait créer un papier dit *différé*, en le consolidant sous la forme de loterie annuelle.

D. — N'y a-t-il pas des réclamations encore pendantes, faites par le gouvernement des États-Unis, pour des prises maritimes, et montant à 900 mille duros?

R. — Non-seulement ces réclamations subsistent, mais elles sont déjà reconnues fondées par le gouvernement espagnol, et déjà l'on pense à les rembourser avec des inscriptions 5 p. 100, de la même manière qu'on a dernièrement liquidé les crédits de la *Junta de reemplazos*.

D. — Avez-vous déjà compté, avec les 890 millions de réaux en papier, ce que réclament les acquéreurs des biens nationaux du temps du régime constitutionnel, et qui ont été dépossédés en 1823 par un décret de la régence?

R. — Certainement ; car il est impossible de croire que le gouvernement actuel refuserait de rendre au moins la valeur qu'on a donnée de bonne foi, pour acquérir des biens qui n'étaient vendus et mis à l'enchère qu'en vertu des décrets de l'autorité existante.

D. — La compagnie des Philippines n'a-t-elle pas aussi des réclamations à faire ?

R. — Cette compagnie réclame un reliquat de compte sur l'état, et l'on devra la comprendre dans la liquidation générale et définitive.

D. — Le gouvernement n'est-il pas responsable envers plusieurs particuliers, ou corporations, de sommes considérables, que le trésor français a remises à titre d'indemnités convenues, et provenant d'un arrangement fait pour les exactions causées par les armées de Napoléon, du temps de la guerre de l'indépendance?

R. — Oui, le gouvernement est dans l'obligation de satisfaire à cet engagement, et de répartir les fonds reçus à ce
sujet du trésor français; mais des difficultés sont survenues
avec l'agent consulaire qui a reçu une partie des fonds à Paris,
et cela retarde la liquidation des ayant-droits.

D. — La compagnie connue sous le nom de *los cinco gre-
mios mayores* de Madrid n'a-t-elle pas aussi des créances à liquider avec l'état?

R. — Elle les a à liquider; mais aucun chiffre n'a encore été
arrêté à ce sujet; toujours est-il que toutes ces réclamations
enflent singulièrement le capital de la dette.

D. — Croyez-vous nécessaire de maintenir la caisse d'a-
mortissement sur le pied établi jusqu'à présent?

R. — Dans l'intérêt de l'ordre et de l'économie, on devra la
'supprimer aussitôt que la dette aura été définitivement consolidée, en réunissant ses attributions à celles de la direction générale du trésor, en une section dite : *De la dette publique.*
Les ressources assignées à la caisse d'amortissement se centra-
liseraient et entreraient de suite dans la masse commune des
rentes de l'état; en ayant soin toutefois de ne pas multiplier
les bureaux, de ne les diviser que sous une même direction
avec opportunité, et surtout de ne donner à l'établissement que
des chefs d'une capacité reconnue.

D. — Ne serait-il pas convenable de remettre en vigueur un
décret de Charles IV, qui autorisait le rachat, avec des rentes
sur l'état, des pensions et tributs imposés sur des immeubles
en faveur des établissemens main-mortables?

R. — Nul doute que ce décret ne produisît d'heureux effets,
puisque la propriété serait libérée d'entraves perpétuelles, et
que le trésor y trouverait un produit, en établissant un droit
de rachat.

D. — Au dire de tous les hommes qui s'occupent de statis-
tique, les minéraux de toute espèce abondent en Espagne, et
la fertilité du sol la rend capable, sous une bonne administration, de centupler en peu de temps ses produits?

R. — Il est certain que le territoire espagnol, et les provinces
d'outre-mer rangées sous sa domination, n'enfouissent des richesses et que leur exploitation ne pût donner des résultats
importans; mais cependant quelques publicistes qui s'en oc-

cupent, quoique pleins de patriotisme, et sans s'écarter tout-à-fait de la vérité, pourraient être comparés à ces empiriques qui débitent un torrent de paroles pour démontrer les merveilles de leurs spécifiques et les miraculeux effets de leurs cures. Il est à désirer que l'Espagne découvre le plus tôt possible ses véritables moyens de prospérité; mais ne nous laissons pas leurrer par l'apparence d'un résultat si prochain, n'hypothéquons pas d'avance sur les produits fantastiques d'une richesse enchantée, dont l'antiquité s'est déjà occupée et qui devra rester peut-être encore invisible et intacte pour les générations futures ainsi que nos aïeux l'ont transmise à nous-mêmes.

D. — L'Espagne n'a-t-elle pas contracté un emprunt avec la maison Hope et compagnie de Hollande ?

R. — Certainement qu'il a existé un emprunt contracté avec la maison Hope et compagnie durant le règne de Charles IV; mais lorsque le gouvernement espagnol eut besoin des capitaux hollandais en 1829, attendu que la place de Paris se serrait pour nos emprunts, on a converti ce qui restait de cet emprunt en rente perpétuelle d'Amsterdam, de la même manière que lorsqu'il fut nécessaire de donner de la faveur à ces mêmes rentes, après la révolution de 1830, il a offert la quasi-conversion des bons des cortès, ne cédant, en tous cas, qu'à un sentiment industrieux auquel ne se rallie aucun acte de justice.

D. — Si les cortès, un jour, venaient à proposer la réduction de toute la dette en proportion des ressources positives du pays, et en dépit de toute idée illusoire, la nation espagnole pourrait-elle être taxée d'immoralité ou d'indélicatesse en commettant cette action ?

R. — Il serait absurde, selon moi, de taxer d'immorale la réduction de toute la dette, en mettant cette réduction en harmonie avec les véritables ressources du pays; car je crois, au contraire, qu'il serait impossible d'agir avec plus de bonne foi, de délicatesse et de générosité. Aujourd'hui que l'Espagne entre enfin dans la carrière de la publicité, aujourd'hui qu'elle abjure tout principe d'obscurantisme et de mauvaise foi, qu'elle dise à ses créanciers : Une demi-douzaine de ministres d'un pouvoir despotique ont pu vous abuser en vous faisant voir des états de richesses supposées.... Mais la nation espagnole, représentée par ses mandataires, ne doit ni ne peut vous parler que le langage de la vérité.... L'Espagne préfère donc répartir entre ses créanciers toutes ses ressources liquides plutôt que d'accroître chaque jour une dette qui, si l'on n'y mettait une fin, ruinerait bientôt sans ressources, ou du moins ébranlerait d'une manière terrible les principales places de l'Europe.

D. — Ne semble-t-il pas que les capitalistes qui ont prêté au gouvernement espagnol à 10 et 12 °|₀ d'intérêt lorsque le taux de la place était de 4 °|₀, ont accepté tacitement et *de fait* les conséquences inévitables de semblables prêts usuraires?

R. — Sans aucun doute, et par la même raison la nation espagnole, dans ce cas, doit jouir du droit que les lois accordent aux mineurs; attendu que le malheureux peuple ne doit pas être tenu de ratifier des traités inconsidérés, contractés sans sa participation par de mauvais tuteurs.

D. — Quelle que soit l'origine des dettes, croyez-vous qu'une banqueroute serait injuste ou inopportune?

R. — Oui certainement; car si, en réduisant la dette en proportion des ressources du pays, l'on ne fait que ce que la saine raison dicte, et ce que ferait en pareille occurrence un particulier, on s'attirerait, en déclarant une banqueroute, le mépris général, on commettrait un acte arbitraire et, par conséquent, un crime moral.

D. — Ne dites-vous pas qu'il y a des dettes créées par des traités diplomatiques et seulement ratifiées par les gouvernemens respectifs?... Quel serait le sort de ces créances en cas de réductions?

R. — Elles deviendraient probablement le sujet de nouvelles négociations, afin d'en tirer le meilleur parti possible, suivant les circonstances, surtout en ce qui concerne la dette reconnue à la France, laquelle est sujette, d'après l'un des derniers articles du traité, à une liquidation ultérieure (1).

D. — Si l'Espagne réduit d'une manière équitable sa dette, et qu'elle consolide le restant avec la sanction nationale des

---

(1) La liquidation définitive qui devait s'opérer aux termes du traité, ne put s'accomplir dans l'espace d'une année, à cause des embarras du ministère Polignac, et de la révolution qui s'ensuivit; en sorte qu'on se trouve aujourd'hui dans le cas de procéder de bonne foi avec elle.

cortès, trouverait-elle, au besoin, des prêteurs si elle se trouvait, par suite de circonstances extraordinaires, dans la nécessité d'avoir recours à son crédit?

R. — Sans doute, et à de meilleures conditions qu'aujourd'hui, dans tous les marchés de l'Europe, d'autant plus que l'argent des prêteurs serait employé à des objets d'utilité publique, tels que la construction de routes et de canaux ; mais en ayant soin d'annoncer que les capitalistes nationaux pourront entrer en rivalité avec les étrangers pour rendre service au gouvernement.

D. — Croyez-vous qu'il soit préférable d'emprunter aux capitalistes nationaux?

R. — Cette vérité est tellement démontrée, que tout porteur de rentes sur l'état est ennemi de l'anarchie et des révolutions, et qu'il coopérera constamment avec le gouvernement à maintenir l'ordre ; ceci, du reste, n'empêche nullement de laisser négocier les rentes dans les marchés étrangers.

D. — Serait-ce une chose nouvelle dans l'histoire du crédit européen, de voir un état réduire sa dette, cédant à la force malheureuse des circonstances, et à la complication ruineuse de ses finances?

R. — Ce serait si peu nouveau qu'on trouverait difficilement pays en Europe qui n'ait un fait banqueroute, ou eu recours à une réduction, et cela sans en excepter l'Angleterre et la France, deux puissances qui jouissent à présent de la plus haute confiance.

D. — Est-il convenable, selon vous, que les fonds d'un état soient divisés en différentes classes de rentes, par exemple, en 5, 4 et 3 p. 100, tels que sont ceux de l'Espagne maintenant?

D. — Ce système convient aux grands spéculateurs, parce que les fonds, ainsi divisés, étant plus maniables, il est plus facile d'opérer sur eux des mouvemens et des variations lucratives, soit en hausse, soit en baisse : je crois donc que pour éviter, autant que possible, toute influence violente capable de défigurer la véritable situation du crédit du pays, il faut réunir toute la dette sous une seule et même dénomination, avec des inscriptions uniformes, jouissant toutes d'un même intérêt.

D. — Comme les rentes espagnoles qui circulent à l'étranger ont été émises par inscriptions de petites sommes, afin de les mettre à la portée de toutes les fortunes , ne craindriez-vous pas qu'une réduction ne compromît l'existence de beaucoup de familles ?

R. — On aurait pu le craindre lorsque nos rentes se négociaient à un taux qui offrait de 8 à 10 p. 100; mais depuis que la cupidité et les combinaisons des grands spéculateurs ont élevé considérablement les cours de ces valeurs, les petits rentiers , qui ont pu réaliser des bénéfices énormes, et qui voient aujourd'hui qu'il n'est pas prudent de s'exposer à perdre le capital pour un intérêt de 6 p. 100, ont vendu leurs inscriptions , et maintenant l'on peut facilement deviner dans quelles mains se trouve aujourd'hui la majeure partie de nos rentes.

D. — Il semble que vous envisagiez avec indifférence le sort des détenteurs de nos rentes ?

R. — Non certainement ; mais comme on sait que ç'a été un des argumens que l'on a employés pour prévenir le gouvernement espagnol contre la réduction, il est nécessaire de dire et de répéter que , loin d'en rien redouter , l'humanité se réjouirait de voir prendre enfin cette mesure, dont l'importance est si grande pour l'Espagne, et qui n'atteindrait que les fortunes colossales d'hommes que , par leur position élevée et leurs ressources extraordinaires , on peut considérer comme un fléau calamiteux pour tous les marchés de l'Europe.

D. — En opérant la réduction de la dette en proportion de ses ressources, le gouvernement espagnol n'aurait pas besoin, pour le moment , d'user de son crédit , puisque vous dites que les revenus du trésor produisent amplement pour les dépenses indispensables de l'administration ?

R. — C'est sans réplique, et la preuve en est que , depuis 1828 , pas un centime n'est entré en Espagne , quoique postérieurement on ait fait tant d'emprunts pour payer les rentes étrangères , et que pourtant le service de l'intérieur se soit opéré avec exactitude.

D. — Par quels fonds le semestre échu le 1er janvier 1834 a-t-il été payé ?

R. — Par des fonds envoyés de Madrid par le directeur de la caisse d'amortissement. On a également payé le semestre d'avril 3 p. 0|0 avec des remises venues d'Espagne, de façon que l'on a extrait de ladite caisse, pour ces objets, 60 millions de réaux.

D. — Vous soutenez donc qu'il n'y a plus d'autre parti à adopter que d'opérer *la réduction de toute la dette*, et cela proportionnellement avec les ressources positives du pays, et que cela étant même juste et équitable, ne peut ébranler ni pour le présent ni pour l'avenir le crédit national espagnol?

R. — Ma conviction est telle à cet égard, que si le contraire avait lieu, je le considérerais comme la ruine prochaine du pays..... Mais j'espère que les cortès ne se laisseront pas aveugler par des théories illusoires au point de compromettre tout ce qu'il y a de justice et de dignité dans leur haut mandat.

D. — Les cabinets étrangers pourraient-ils vouloir s'initier dans cette affaire ou influencer la résolution des cortès et du gouvernement dans le cas où l'on voudrait réduire la dette?

R. — Non-seulement les cabinets s'abstiendront d'émettre *officiellement* leur opinion sur un point tellement élevé; mais même la politique et la prudence devraient les engager à ne pas même avoir recours à des voies indirectes, ou tous autres moyens qui pourraient être considérés comme injurieux pour l'indépendance nationale, ainsi qu'au droit incontestable qu'ont tous les peuples de régler en famille leurs affaires particulières. Et certes, rien n'excite plus la fierté des Espagnols, que le désir de conserver intacte leur noble indépendance.

D. — Que pensez-vous de l'avenir politique de l'Espagne?

R. — Cette question nous écarterait de l'objet que nous avons voulu traiter spécialement; mais elle pourra servir un jour de base à un noúveau dialogue.

NOUVELLES DEMANDES

ADRESSÉES PAR M. OVIÉDO AU TRADUCTEUR,

Et qui ne se trouvent pas dans l'ouvrage espagnol.

.D. — Ne serait-il pas convenable de centraliser toutes les rentes de l'État qui sont encore subdivisées aujourd'hui et qui n'entrent pas dans le trésor général?

R. — Ce serait peut-être nécessaire dans l'intérêt du mode administratif; mais on ne croit pas que cette centralisation puisse accroître les ressources du trésor, parce qu'il serait nécessaire aussi de centraliser les obligations inhérentes, de façon que, même en changeant le système actuel, il n'y eût pas un nouveau déficit au préjudice du trésor; parce qu'il est des impôts qui se perçoivent avec plus de facilité et d'une manière plus directe, à la charge des autorités locales, et répartis d'après les lumières de l'expérience.

D. — Ne pourrait-on pas se permettre de rendre perpétuels des fonds en rentes sur l'État, en se soumettant aux lois?

R. — Il n'y aurait aucun inconvénient, au contraire; puisque, de cette manière, on peut concevoir l'espoir de perpétuer le nombre des familles sans que la substitution de biens porte préjudice à la richesse nationale. Du reste, cette idée n'est pas neuve : la France avait adopté ce système avant la révolution de 1830.

D. — Croyez-vous qu'il suffise que les banquiers le désirent pour qu'ils puissent inspirer de la confiance dans les marchés en des valeurs dont les hypothèques sont illusoires et, par conséquent, insuffisantes?

R. — Il y a deux espèces de valeurs dans les marchés; l'une se compose de rentes solides et bien consolidées, l'autre de valeurs de spéculation, que l'illusion maintient et sur le compte desquelles on ne cherche à savoir qu'une chose : c'est si le paiement du prochain trimestre sera ou ne sera pas assuré.

D. — N'y a-t-il pas un amortissement périodique établi qui réduit de jour en jour le capital de notre dette?

R. — Sans doute, il existe un amortissement périodique de un pour cent, à intérêt composé, sur toutes les valeurs espagnoles émises à l'étranger ; mais, de même que ce système est très-bien, quand il y a possibilité d'amortir sans faire de nouveaux emprunts; il est ruineux quand, au contraire, de telles opérations ne se font pas sans multiplier les commissions de banque et sans accroître le déficit annuel.

D. — Ne conviendrait-il pas qu'avec ce papier *différé* l'on pût créer des loteries dans le genre de celles proposées dans le plan de Garray avec les Vales royaux?

R. — Assurément; on pourrait établir une loterie de *différés* chaque année, et le trésor obtiendrait l'amortissement de la somme que le gouvernement se réserverait dans les chances du sort; et cette loterie, dont les primes seraient considérables, pourrait intéresser la cupidité européenne.

PARIS,

AU BUREAU CENTRAL D'IMPRIMERIE ET DE LIBRAIRIE,

RUE SAINT-MARC, 21.

TYPOGRAPHIE DE A. ÉVERAT, RUE DU CADRAN, 16.